SOUVENIRS

DE

L'OCCUPATION D'ORLÉANS

PAR LES ALLEMANDS

EN 1870-1871

ORLÉANS, IMP. DE G. JACOB, CLOITRE SAINT-ÉTIENNE, 4.

SOUVENIRS

DE

L'OCCUPATION D'ORLÉANS

PAR LES ALLEMANDS

EN 1870-1871

Théorie de l'invasion ; ses effets. — Les assassinats. — Les blessés,

PAR

LE Dr CHARPIGNON

Médecin des prisons d'Orléans,
Médecin de Société de Secours mutuels, de dispensaires de bienfaisance,
Lauréat et membre de diverses académies et sociétés scientifiques.

ORLÉANS
H. HERLUISON, LIBRAIRE-ÉDITEUR
17, Rue Jeanne-d'Arc, 17

—

1872

SOUVENIRS

DE

L'OCCUPATION D'ORLÉANS

PAR LES ALLEMANDS

EN 1870-1871

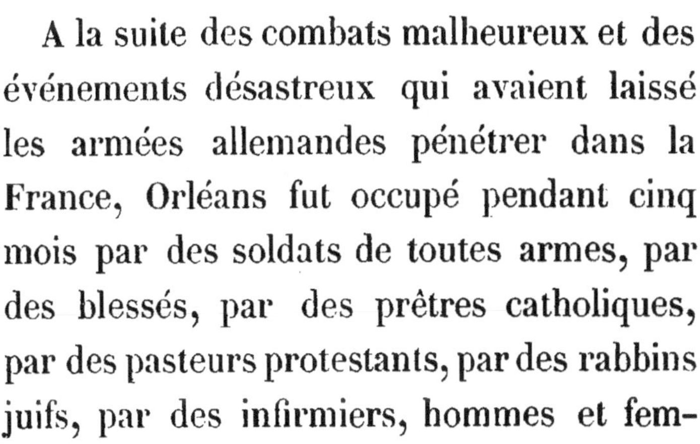

A la suite des combats malheureux et des événements désastreux qui avaient laissé les armées allemandes pénétrer dans la France, Orléans fut occupé pendant cinq mois par des soldats de toutes armes, par des blessés, par des prêtres catholiques, par des pasteurs protestants, par des rabbins juifs, par des infirmiers, hommes et femmes, par des employés d'administrations diverses, par des convoyeurs, multitude que chaque partie de l'Allemagne liguée avait lancée sur la France.

Des circonstances particulières et ma profession surtout, m'ayant forcé d'établir de fréquents rapports avec beaucoup d'Allemands, j'ai pu faire des observations intéressantes à plus d'un point de vue; je viens les résumer ici, et ajouter quelques pages aux récits que d'autres écrivains orléanais ont faits de l'invasion allemande.

I

———

Les médecins allemands avec lesquels j'ai dû avoir quelques relations ont tous été convenables ; quelques-uns, par suite d'une plus longue fréquentation, sont devenus assez expansifs pour s'entretenir avec moi de sujets très-sérieux. C'est le souvenir de ces entretiens que je reproduis.

En Allemagne, la science jouit d'une grande considération, et cette considération

rejaillit sur le médecin, dont les études va-
riées sont appuyées sur une philosophie que
les Allemands croient l'expression de la vérité. Cette philosophie matérialiste, préparée
par la critique et l'analyse, développée et
enseignée depuis une quinzaine d'années
par Moleschott, Wirchow, Hemholtz, Buch-
ner, tous des médecins, s'est substituée à
l'idéalisme germanique dont l'esprit français
si vif et si éclairé n'avait jamais pu s'accommoder. Mais la réaction positive de l'esprit
allemand a certes bien vite dépassé les exi-
gences du raisonnement, en élevant comme
dogme les résultats d'un critérium et d'une
analyse, encore forcément incomplets, et
par conséquent impuissants à donner une
synthèse absolue.

Il est donc exact de dire que la philosophie matérialiste a sa source dans l'Allemagne centrale. Les traductions que nos édi-
teurs encourageaient si bien, depuis quelques

années ont répandu ces doctrines en France, surtout parmi les médecins et dans le public qui suit le mouvement scientifique; mais malgré l'engouement qui a porté vers les conceptions matérialistes, je ne pense pas que l'esprit national s'accommode mieux de cette exagération de la valeur des lois physiques, qu'il ne s'était laissé subjuguer par le mysticisme allemand.

Quoi qu'il en soit, les médecins allemands sont en haute estime; ils le savent, et ils apprécient peu le médecin français qui, selon eux, n'a pas encore accompli sa synthèse scientifique, qui, par suite, reste indécis dans ses interventions pratiques, et qui néglige trop les détails dans les applications de l'art.

Cette opinion pourrait être juste, si la doctrine du positivisme en philosophie et si celle de l'organicisme absolu en médecine étaient la loi de Dieu et de la nature, et si le formalisme méthodique en médecine et en

chirurgie conduisait à des résultats supé-
rieurs à ceux de la pratique des médecins
français, restés fidèles à la médecine hippo-
cratique. Mais depuis Aristote et Hippocrate,
la philosophie et les doctrines médicales ont
trop varié, pour qu'on admette que l'Allemagne ait trouvé la loi définitive d'évolu-
tion de ces sciences. J'ai vu un célèbre chirurgien de ce pays faire des opérations
avec une habileté que je n'aurai jamais, mais
je suis très-convaincu que s'il m'eût laissé
soigner son noble compatriote, celui-ci ne
serait pas mort quelques heures après une
opération admirablement exécutée.

Ce sentiment de supériorité était pour
beaucoup dans la froideur des rapports que
les médecins des deux nations avaient entre eux ; pourtant il faut tenir compte de la
surexcitation du patriotisme que nos confrères avaient reçue des discours et écrits
élaborés par des savants et écrivains d'une

certaine autorité. Ainsi, surtout, le discours haineux que le recteur de l'Université de Berlin avait prononcé en août 1870, à l'occasion de l'inauguration de la statue du roi Guillaume. Le chef de l'Université de la capitale de l'Allemagne, le docteur Dubois-Reymon, est descendu des régions supérieures et pacifiques de la science, pour déchirer le pacte d'alliance qui unit les Universités du monde. Il a oublié tous les devoirs qu'il avait envers les Académies et les savants de la France, pour soulever les passions haineuses des disciples de la science, que l'organisation brutale de l'armée allemande enlevait à leurs travaux, pour les jeter sur la France. On redoutait les sympathies qu'un long commerce intellectuel avait établies entre les savants des deux nations ; on a voulu détruire ces sympathies et faire des ennemis de tous les médecins, de tous les pasteurs, de tous les lettrés qui entraient en campagne, et le docteur

Dubois-Reymon, recteur de l'Université de Berlin, s'est chargé de cette œuvre. Oui, certes, M. Dubois-Reymon a été pour beaucoup dans l'oubli que certains médecins allemands ont fait de la neutralité que leur rôle actif leur commandait. Certains ont frappé d'inoffensifs Français (1); d'autres ont volé leurs confrères au foyer desquels ils prenaient place (2). Aucun n'a aidé à respecter la convention de Genève qui devait protéger notre domicile, pendant qu'absents tout le jour, parfois la nuit, pour le salut des blessés, des soldats en restaient les maîtres.

A ces insultes de l'Université de Berlin, à ces outrages et à ces défaillances, la France, digne et généreuse comme toujours, a ré-

____

(1) Voir *Gazette des hôpitaux*, 1871, n° 66.

(2) M. Chaufton, médecin à Olivet, causait et fumait chaque soir, dans son cabinet, avec un médecin prussien qu'il logeait. Un soir, on s'était montré les instruments des trousses de chacun. Dans la nuit, le médecin allemand partit, et la trousse de M. Chaufton avait disparu.

pondu par l'exemple de ses Académies na-
tionales, qui ont refusé aux colères indivi-
duelles la radiation des savants allemands.
Trois ou quatre Académies de province
n'ont pu maîtriser leur indignation patrioti-
que, et ont rayé de la liste de leurs membres les savants allemands. Ceci est regret-
table.

Mais peut-être M. Dubois-Reymon, qui est
de sang français, a-t-il puisé le mobile de son
ressentiment contre nous dans ses souvenirs de famille. Alors, il serait moins coupable de n'avoir pu maîtriser le besoin de
vengeance, qu'à lui, comme à tant d'autres
Allemands, leurs ancêtres ont légué. Un
grand nombre de ces Allemands, en effet,
sont les descendants de ces Français que
Louis XIV chassa de leur terre natale. Il y
eut bien des douleurs en ces temps d'intolé-
rance, et beaucoup de familles françaises,
reçues avec de grands égards, par la Prusse

surtout, ont transmis à leurs fils les souvenirs de la persécution, et avec la langue des ancêtres, ils ont perpétué la haine sourde de l'exilé qui ne peut retrouver ni le pays, ni la nationalité des aïeux, car un sang nouveau l'a soudé à la terre d'Allemagne.

Comme ils étaient contents tous ces hommes du Nord d'entrer dans ce beau pays de France ! Brandebourg, Poméranie, Silésie, Hanovre, Hesse, Holstein, Saxe, Mecklembourg, Brunswick, Wurtemberg, Bade, Bavière, toutes ces parties de l'Allemagne s'étaient données à la Prusse, pour faire l'invasion. Douze cent mille ont pénétré au cœur de la France ! Et ce flot humain est tellement lent dans son retrait, qu'il lui faudra peut-être deux années pour rentrer, non pas dans ses anciennes limites, mais dans celles qu'il gardera de ce pays qu'il quitte avec tant de regrets.

Cette grande invasion était prévue par

tous les savants de l'Allemagne, et selon eux, sa cause réelle n'est pas une antipathie de race, comme on a voulu le faire croire; ce ne sont pas non plus des ambitions politiques. Ces mobiles n'ont été que les causes prochaines, habilement exploitées par la Prusse; mais un ferment, puissant comme une loi de la nature, préparait depuis longtemps l'expansion violente des Allemands au dehors de leur territoire.

La France est un pays que le climat, l'activité de ses habitants et la nature de ses institutions ont fait beau, riche et libre. Sa marine trouve par l'Océan et par la Méditerranée des sources de richesse; l'Allemagne, au contraire, à cause de son climat froid, de ses forêts, de ses marais, de son régime encore trop féodal, de sa position géographique, est moins riche et moins active; l'habitant souffre, et il quitte facilement la patrie pour un pays plus clément. L'émigration de l'Allemand est chose fréquente ; elle est l'espérance d'un bien-être qu'on ne voit que dans les classes élevées, et qu'on ne peut obtenir sous des lois qui rendent très-difficile le morcellement des terres. Sans aller en Amérique, un grand nombre d'Allemands n'ambitionnaient que la France, où leurs laborieuses habitudes leur procuraient ce bien-être que la patrie ne pouvait leur donner.

Cette pauvreté ou cette gêne relative que le paysan, l'artisan, le lettré trouvent dans l'Allemagne, et dont ils croient pouvoir s'affranchir en passant le Rhin ou l'Océan, a encore une autre cause dans l'accroissement continuel de la population dans les pays du Nord.

L'accroissement de la population de l'Allemagne est une force d'expansion contre laquelle la France n'est point en état de lutter, car la population, chez nous, tend sans cesse à diminuer.

Des statistiques récentes ont montré que la population de la France s'était accrue, en dehors, bien entendu, de l'annexion de la Savoie. Mais en décomposant les éléments de ces statistiques, on voit que l'accroissement tient à l'augmentation de la durée de la vie d'une part, et de l'autre aux afflux étrangers. Quant au chiffre des naissances, il a réellement diminué; or, c'est là le véritable élément de l'accroissement et de la perpétuité d'un peuple. Les causes les plus actives de la diminution des naissances sont la division de la propriété, qui a amené l'élévation du bien-être, lequel diminuerait par un trop grand nombre d'enfants, puis le climat et les institutions qui retiennent au pays et condensent la population. Mais il faut aussi ajouter à ces causes l'affaiblissement de la foi religieuse et une plus grande disposition chez les femmes à la stérilité. Renonçant au rôle de moraliste, je

2

ne parlerai pas de la contrainte morale que l'homme, dans la plénitude de sa volonté, peut s'imposer dans l'acte génésique ; médecin, je dois seulement m'élever contre ce qu'on appelle la contrainte physique, et proscrire tous les moyens matériels employés pour s'opposer à la conception. L'usage fréquent de ces moyens a pour résultat de disposer les organes générateurs de la femme à des maladies qui souvent deviennent sérieuses et amènent la stérilité.

Dans l'Allemagne il en est tout autrement. Les naissances sont plus du double qu'en France. Elles compensent les pertes plus grandes qu'on y fait après l'âge de soixante ans, et laissent un bénéfice qui augmente sans arrêt la population (1). Ceci est le résultat complexe des constitutions politique, climatérique et religieuse de ces

(1) Séances de l'Académie de médecine, mars, mai, juin, juillet 1867.

pays. A part le nord-est de l'Allemagne, tout le reste est comme la France, de race aryenne, et c'est le milieu géographique qui, seul, a imprimé au rameau germanique les caractères qui le distinguent. C'est donc à ce milieu géographique et aux institutions que reviennent les causes de l'accroissement de la population allemande, accroissement qui doit forcément, et par périodes plus ou moins longues, porter l'Allemand à se répandre sur le territoire de la France. Il ne peut en effet chercher à se porter dans les possessions de la Russie, dont les conditions climatériques sont plus mauvaises que chez lui. Au contraire, l'Allemagne subit à son tour l'émigration lente, pacifique, continue des Russes, et sans l'extension de cette puissance dans l'Asie, l'Allemagne aurait déjà été victime d'une invasion violente. Mais l'avenir est à l'humanité, et la loi d'expansion qui agitait l'Allemagne et l'a poussée au-delà du Rhin est la même pour la Russie, qui débordera un jour dansl'Allemagne. Les nations du Nord sont comme la pépinière de l'humanité, où les hommes, d'une organisation plus solide, et plus lents à se développer pour les aspirations que crée la civilisation, grandissent, multiplient et finissent par envahir les pays plus favorisés et parvenus à une civilisation relativement plus avancée, pourles rajeunir en y versant un sang nouveau.

Lorsque l'occupation d'une ville par les troupes ennemies se prolonge, la santé des habitants en reçoit une atteinte funeste. En effet, il y a d'abord les influences miasmatiques que dégagent un grand nombre d'hommes réunis dans des logements insuffisants, ensuite les émanations des matières animales provenant des blessés ; de là des fièvres intermittentes à formes diverses, des fièvres typhoïdes, des varioles, des typhus.

Ces causes délétères sévissent avec d'autant plus de force et frappent un nombre d'individus d'autant plus grand, que leur moral est plus contristé et plus abattu. L'énergie morale est un préservatif aussi puissant que les moyens hygiéniques. Les Orléanais, qui dans l'invasion d'octobre et dans celle de décembre ont tant souffert dans leur patriotisme, dans leurs intérêts, dans leurs sentiments de citoyen et de famille, ont payé un large tribut à la puissance homicide de l'invasion. Les maladies étaient devenues nombreuses, et chez la plupart des malades, elles prenaient une forme adynamique, avec délire, se terminant fréquemment par la mort. Plusieurs personnes même, bouleversées par le chagrin et la crainte, se sont suicidées ; d'autres sont tombées mortes à l'entrée des soldats dans leurs maisons.

Au milieu de cette atmosphère de maladie qui régnait à Orléans, l'Allemand ne redoutait que la variole, et bien des habitants désiraient avoir cette maladie chez eux, pour pouvoir écrire sur leur porte : *Pocken* ou *Blattern*, sûrs d'être exempts de garnisaires. Ces inscriptions, toujours contrôlées, étaient fort nombreuses dans les rues de la ville et les faubourgs. Malgré leur réserve, un grand nombre d'Allemands subirent la contagion, et beaucoup moururent. Pour arrêter cette mortalité, les médecins allemands eurent recours aux revaccinations.

On a beaucoup vanté le respect des Allemands pour les femmes, et on a admiré la puissance d'une discipline qui a pu maintenir un si grand nombre d'hommes dans le devoir. Il est de fait qu'à Orléans, on n'a eu à déplorer que trois ou quatre viols ; il est également vrai que dans les rencontres journalières, les femmes n'ont eu à supporter ni regards, ni provocations capables de les offenser. Mais, selon moi, la discipline, qui était fort sévère à cet égard, a été considérablement aidée par le peu de sensibilité nerveuse du tempérament. La demi-ivresse, si fréquente chez les soldats allemands, ne les excitait même pas assez pour leur faire oublier la discipline. Beaucoup, du reste, des officiers surtout, ont pu trouver avec leurs thalers de trop faciles plaisirs.

II

Depuis le 11 octobre, Orléans était occupé par les troupes bavaroises. Le 21, vers deux heures du soir, plusieurs piquets de soldats s'échelonnèrent sur les quais du Châtelet, formèrent les faisceaux, et un certain nombre d'autres soldats, armés de haches, descendirent le talus, entrèrent dans les barques qui y étaient amarrées, puis se mirent à les défoncer et à les couler. Les hommes du

port étaient là ; ils assistaient à la destruc-
tion de leurs uniques ressources ; tous blê-
mes de colère, ils étaient maintenus par la
présence des armes. J'étais près de plusieurs
groupes, et en entendant leurs projets de
vengeance, et en regardant ces bateliers
pleurant de rage, rentrer dans ces rues du
vieil Orléans, je pensais aux Genabiens qui,
dix-neuf siècles avant, avaient massacré les
Romains occupant aussi leur ville. Mais on
fut plus intelligent de la situation, et aucun
acte de vengeance ne fut signalé pendant les
cinq mois que dura l'occupation ennemie,
car lorsqu'en décembre, le commandant
prussien infligea à la ville une amende de
600,000 fr. pour la punir des blessures qu'a-
vait reçues d'un Orléanais un de ces Allemands, dits auxiliaires, rien ne fut moins
prouvé que cette accusation d'attentat.

Mais des lettres étaient parties pour l'Allemagne, racontant les vexations qu'on

infligeait aux Orléanais et les rumeurs d'attentats dont les Allemands étaient menacés ; dès lors les gazettes de Silésie, de Darmstadt, de Mayence, d'autres encore, publiaient que « les Orléanais se préparaient à couper la gorge aux Allemands pendant leur sommeil... qu'ils empoisonnaient les soldats...»

Tout ceci était mensonge, et les Orléanais, loin d'être entraînés par un patriotisme fanatique à une vengeance méritée, apprenaient de temps à autre qu'un des leurs venait de mourir, lâchement assassiné par un Allemand.

Le soir du 31 décembre, trois soldats prussiens entrèrent prendre logement dans une petite maison située au bas du pont du chemin de fer du faubourg Saint-Vincent. Cette maison était habitée par Champeau, garde-barrière du chemin de fer. Cet homme, âgé de quarante-sept ans, était seul, ayant éloigné sa famille au moment de l'entrée des Prussiens. Que se passa-t-il entre lui et les trois Prussiens ? On l'ignore ; ce qu'on sait, c'est que le même soir, vers dix heures, les trois soldats vinrent s'imposer dans des maisons voisines déjà pleines. Le lendemain matin, des voisins, appelés par des Prussiens, furent conduits par eux auprès de Champeau étendu à terre et râlant pour mourir. J'étais le médecin de la famille de Champeau, et lorsque j'arrivai, je trouvai près de lui le docteur Vallet, entouré d'un groupe de personnes, parmi lesquelles il y avait plusieurs Allemands. Nous constatâmes que Champeau était sans connaissance, qu'il avait reçu de violents coups sur le côté gauche de la tête, et que la mort serait très-prochaine. Un officier prussien m'objecta que rien ne prouvait que cet homme ne se fût brisé le crâne en tombant lui-même. Mon opinion étant bien arrêtée, je rédigeai en conséquence le certificat de décès, et je me rendis auprès de l'autorité municipale pour appeler son attention sur cet attentat, et l'inviter à en demander la réparation à l'autorité prussienne. M. Saintoin, adjoint, porta plainte, et une enquête eut lieu. Le coupable fut trouvé et arrêté ; la famille reçut l'assurance qu'elle serait appelée à se faire représenter à l'exécution du meurtrier. La constatation de la nature et de la cause de la mort fut déférée à trois médecins prussiens, et je fus convoqué pour représenter la famille à l'examen du cadavre. L'autopsie eut lieu dans la salle des dissections de l'Hôtel-Dieu. Le meurtrier fut conduit devant le mort qu'il reconnut, puis ayant été emmené, les médecins procédèrent en ma présence à l'opération et à la rédaction du rapport. Ils exprimèrent bien des fois leur mécontentement de la mauvaise tenue de l'amphithéâtre, et à mon grand regret, il m'était impossible d'atténuer leurs plaintes très-justes. Quoique je susse assez d'allemand pour comprendre en partie ce qui se disait, ces médecins me firent en français quelques observations, rares il est vrai, mais suffisantes pour que toutes les convenances aient été gardées.

L'os frontal, dans la partie gauche, le pariétal et le temporal du même côté étaient, non pas fracturés, mais brisés en plusieurs morceaux ; les parois de l'orbite étaient également fracturées. Un large et épais caillot de sang couvrait l'hémisphère gauche du cerveau ; ce caillot enlevé laissa voir le cerveau aplati, comprimé sur lui-même dans la moitié antérieure de sa partie latérale. Le cerveau ayant été enlevé, on vit l'aile correspondante du sphenoïde fracturée. « Ces désordres considérables, dis-je aux opérateurs, n'ont pu être produits que par plusieurs coups violents?—Oui, » répondirent-ils. C'était ce qu'il importait de prouver pour détruire la supposition d'une fracture

et d'une mort par l'effet d'une chute. D'ail-
leurs, le coupable avait avoué, invoquant,
sans aucun doute, pour excuse, une provo-
cation et une rixe. La satisfaction promise
par l'autorité prussienne s'arrêta à ce com-
mencement d'instruction, et on n'entendit
plus parler de rien.

Quinze jours seulement s'étaient écoulés,
lorsqu'une nuit, à quatre heures, je fus réveillé pour aller porter secours à un homme
qui venait d'être blessé par des Prussiens.
C'était à la Croix-Fleury ; la terre était cou-
verte de neige ; il gelait, et il était dangereux
de passer le boulevart occupé par les con-
vois des auxiliaires. Cependant, les quatre
hommes qui étaient venus me dépeignaient
la blessure si grave, que je les suivis. Après
avoir gagné la rue près le cimetière, dite
Guilleraut, après avoir passé le pont qui est
au bout, avoir tourné à droite, puis à gauche, nous étions dans la rue Moine, qui

aboutit à la route de Neuville, près la Croix-Fleury. Arrivés près d'une fosse, mes guides me firent remarquer, à la lueur de leur lanterne, les empreintes et les taches de sang que la neige avait en cet endroit. C'était là que Corbery, grand et vigoureux homme de trente-deux ans, revenant du faubourg, à dix heures du soir, avait rencontré deux Prussiens. D'après les piétinements qu'on voyait, il avait dû se passer là quelques instants de lutte. Tout ce qu'avait pu dire Corbery, c'est qu'il avait été attaqué, avait déposé sa hotte pour se défendre, et qu'il avait reçu un coup de sabre dans le ventre. Cent mètres le séparaient de la plus proche maison ; il mit trois heures pour l'atteindre, rampant sur la neige, marquant son passage du sang qui coulait de sa blessure, s'arrêtant, vaincu par la douleur et la faiblesse, pour soutenir d'une main glacée ses entrailles sorties par la plaie ! Il fut longtemps

avant de pouvoir réveiller de sa voix affai-
blie l'habitant de la maison ; enfin ce malheureux fut porté sur un lit. Lorsque j'examinai
le blessé, je trouvai une partie des intestins
grêles sortis de l'abdomen par une plaie
d'environ trois centimètres, située un peu
au-dessous de l'ombilic. Une anse d'intestin
était traversée de part en part par une plaie
transversale de deux centimètres. Les matières chymeuses transsudaient par ces deux
plaies, à la moindre pression. Un froid géné-
ral, un pouls filiforme, des plaintes, des
paroles rares, difficiles, une angoisse conti-
nuelle, indiquaient que la mort serait pro-
chaine. Toutefois, je voulus fermer les
plaies de l'intestin et le rentrer dans l'abdomen. Je commençai la suture à points
passés et croisés, qui me semblait la meil-
leure ; mais je ne pus terminer mon opération, par suite de l'agonie qui survint. Quelques instants après, Corbery était mort.

Le jour commençait à paraître, et je crus pouvoir partir seul, mais peu s'en fallut que j'eusse à le regretter. En effet, arrivé au boulevart, je me trouvai en présence d'un de ces ignobles auxiliaires qui coursait à coups de fouet un vigneron qui fuyait à toutes jambes. Ému de voir ce misérable Allemand fouetter comme un chien un Français sans défense, j'interpellai vigoureusement dans sa langue ce guerroyeur de bas étage. L'effet fut subit : il s'arrêta, mais vint à moi, me demandant de quel droit je l'arrêtais. Comme je n'avais nulle autorité à décliner, et qu'il lui était très-facile de reconnaître que j'étais Français, sa colère et son audace reparaissant, il me menaça du manche de son fouet. Heureusement, tout en parlant, je reculai, et d'autres auxiliaires arrivant et parlant à mon homme, j'eus le temps de mettre assez de distance pour m'éloigner sans fuir.

Je mis sur le certificat de décès de Corbery qu'il était mort de perforation intestinale, faite par main étrangère. C'était dire que la blessure n'était pas due à un suicide ; c'était dire aussi qu'elle avait été faite par un Allemand. La police française fit une enquête, et quelques jours après, la police prussienne fit la sienne. Aucune suite ne fut donnée à cette affaire. Mais le lendemain même de l'assassinat, deux Prussiens manquaient au cantonnement de Fleury. L'un s'était jeté dans un puits ; l'autre avait disparu.

Huit ou dix jours après cet événement, je fus encore réveillé pour aller rue de la Gare secourir un homme qui venait de recevoir un coup de sabre dans le côté, d'un des Prussiens logés chez lui. Cette fois, j'étais trop fatigué pour me lever, et j'ignore les détails de ce nouvel attentat.

D'autres meurtres ont encore été commis à Orléans par les soldats allemands, mais je n'en parlerai pas, n'ayant sur eux aucun renseignement positif.

Tristes conséquences des haines et des férocités que développe la guerre! Pauvres familles, entourez de soins vos enfants; tremblez à leurs moindres maladies; implorez la médecine pour les conserver; c'est pour mieux les livrer à ces luttes brutales qui tuent l'homme plein de vigueur ou qui le laissent infirme! Et nous, médecins, cherchons les moyens d'anéantir les épidémies, de guérir les maladies, d'enseigner l'hygiène qui préserve : vains travaux, car au-dessus de nos efforts, il y a ceux des inventeurs de machines qui tuent et mettent en lambeaux le plus d'hommes possible! Depuis cinquante années, la France avait mis son activité à développer l'agriculture, l'industrie, les arts, les sciences, et sa prospérité en faisait la reine des nations, comme autrefois le génie de la guerre. Tous les esprits,

remplis des aspirations de la paix, ont refusé de croire à la nécessité de reprendre
les armes, quand le dernier souverain ré-
véla les armements de l'Allemagne. Illusions
présomptueuses et généreuses qui se sont
évanouies devant l'accomplissement de l'invasion (1)! J'ai dit : illusions généreuses,
car ma conscience se refuse à admettre qu'il
puisse y avoir des hommes capables de pré-
méditer le sacrifice de centaines de mille
de victimes, pour le triomphe d'un système
politique et le renversement d'une dynastie…
Ce serait être plus coupable que le régicide,
lequel, au moins, ne commet qu'un seul
assassinat!

« Sans aucun doute, me disait un docteur
allemand, les choses de la guerre sont dou-

(1) En relisant les comptes-rendus des séances du Corps-
Législatif, en 1867, 1868, 1869, on est stupéfait des efforts de
certains orateurs pour s'opposer, non seulement à l'augmentation de l'armée, mais, bien plus, pour en obtenir la réduc-
tion.

loureuses, mais elles sont les douleurs de l'enfantement de l'unité des peuples...

— Ah ! toujours, votre unité allemande !

— Oui, la paix de l'Europe ne sera définitive que quand les grandes nationalités seront formées et qu'elles auront chacune une voie facile à leur expansion. Alors seulement la transformation sociale sera possible. Croyez-bien qu'en Allemagne, il existe, autant qu'en France, des partisans de la démocratie ; mais, moins fantaisistes que vous, et plus pratiques, nous n'usons pas nos forces à faire des essais chimériques qui n'ont aucune chance de stabilité.... Le morcellement des nations pour créer des antagonismes est un état de choses contraire à la grande loi du progrès de la civilisation...

— Alors, à vous l'Europe !

— Non, mais l'Allemagne doit être une de l'Océan à l'Adriatique... A nous la Hollande et ses ports ; à nous la Suisse, l'Autriche et ses ports de l'Adriatique. A la France, la ceinture complète du Rhin ; à elle la Belgique, les Pays-Bas, le Luxembourg, la Lorraine et l'Alsace, et ses colonies... A la Russie, Constantinople et l'Asie !... A l'Angleterre les colonies, l'Inde et l'Égypte !

— Avec vos théories de synthèse politique et philosophique, vous êtes effrayant, et si l'avenir doit vous donner raison, assurément les maux que nous déplorons sont loin d'être arrêtés, car je doute que les représentants des nations élèvent jamais assez haut leur intelligence et leur cœur, pour substituer les arrêts pacifiques d'un congrès à la puissance brutale et homicide des armes. »

III

LES BLESSÉS.

———

Le nombre des soldats français et allemands qui, malades ou blessés, ont été soignés dans les ambulances particulières ou administratives, a été considérable : 3,323 blessés sont entrés dans les hospices ; 7,500 ont été reçus dans les ambulances particulières, en tout presque 11,000 blessés français. Quant aux blessés allemands, il est imposssible de connaitre leur nombre, la plupart ayant été reçus dans des ambulances organisées et dirigées par les Prussiens eux-mêmes.

Ces blessés étaient disséminés dans 340 ambulances, toutes marquées de la croix rouge, signe de protection, signe de douleurs. Chaque jour on voyait conduire au cimetière, qu'il fallut agrandir, dix, vingt cercueils ; un jour même il y en eut quatre-vingt-cinq ! Près de 2,000 Français succombèrent à leurs blessures. Combien d'Allemands ? Je ne puis le savoir...

La tâche des médecins fut bien lourde, et d'autant plus pénible qu'entraînés par le devoir et l'attrait du secours à donner, ils allaient régulièrement passer presque toutes les heures du jour dans les ambulances. Pendant ce temps-là, chacun veillait chez soi ; mais le médecin laissait son domicile occupé par des soldats fort gênants, fort exigeants et parfois voleurs.

L'inviolabilité, qui était la conséquence de l'affiliation régulière à la Société internationale de secours de Genève, n'a pas été souvent respectée, malgré la croix rouge et la dispense du commandant prussien, qui était placardée sur les portes des médecins. Les occupations militaires de leurs maisons ont été, à la vérité, plus rares que chez les habitants, mais elles ont eu lieu plusieurs fois, et sur l'ordre du commandant de place. Un jour que, malgré les protestations de ma famille, un sergent m'avait imposé six soldats à loger, j'allai réclamer auprès du commandant prussien, mais il me répondit que c'était un jour d'invasion, et qu'il n'y avait d'exemption pour personne. Il appelait invasion l'arrivée d'un grand nombre de troupes. Je subis mes garnisaires, qui se comportèrent plus honnêtement que d'autres qui, quelques mois avant, m'avaient emporté une collection de médailles et de monnaies à laquelle je tenais beaucoup.

D'après les articles 2, 5 et 6 de la convention internationale de secours aux blessés, dite de Genève, « le personnel des ambulances participera aux bénéfices de la neutralité. — Les habitants qui portent secours aux bléssés seront respectés et demeureront libres. — L'habitant qui aura recueilli chez lui des blessés sera dispensé du logement des troupes. » Ces obligations furent constamment violées par les Allemands. Du reste, en méprisant la protection à laquelle les médecins avaient droit, les Allemands les ont élevés dans l'estime publique, car un noble cœur, seul, peut faire soigner, panser, guérir un ennemi qui, quelques jours après, viendra peut-être rançonner et tourmenter son sauveur. Et ceci m'est arrivé ! J'ai reçu dans une ambulance un des six Bavarois qui m'avaient

pris mes médailles; il avait à la tête une blessure dont je l'ai guéri, mais il prétendit
ignorer ce que je réclamais. Nul médecin à
Orléans, et en France, j'en suis sûr, n'a failli
à son devoir.

Presque toujours, je veux le consigner
ici, les blessés allemands devenaient vite
confiants envers nous, oubliant les craintes
d'empoisonnement que leurs journaux leur
insinuaient. Ils étaient reconnaissants; j'ai
même refusé, d'un capitaine bavarois, un
riche présent qu'un point d'honneur, peut-
être excessif, m'empêchait d'accepter.

Le nombre et la variété des blessures
ont été pour tous les médecins une source
féconde d'observations dont le résultat sera
plein d'enseignement. La valeur de certains
principes a été expérimentée sur une vaste
échelle; certains procédés, peu pratiqués,
l'ont été assez pour être définitivement ju-
gés. L'excellence de l'enseignement médical

en France a reçu la sanction des faits, en montrant l'avantage de réunir les connaissances de la médecine et de la chirurgie, et chaque médecin a compris l'utilité de se tenir au courant de la pratique de la chirurgie.

Un des préceptes élémentaires de la chirurgie est de retirer d'une plaie le corps étranger qui l'a produite, et qui y est resté. Cependant il y a des cas où ce corps étranger a tellement pénétré dans les chairs, dans les os, dans un organe, qu'il est moins dangereux de le laisser que de l'extraire par des manœuvres et opérations compromettantes pour le blessé. D'un autre côté, il n'est pas rare de voir la partie atteinte s'accommoder de la présence de ce corps étranger. Entre la détermination d'agir et celle de ne pas agir, le chirurgien se trouve parfois embarrassé. Pour ma part, je n'hésite pas, d'après tout ce que j'ai vu, à insister sur l'avantage de prendre l'extraction de la balle pour la règle, et son abandon pour l'exception. Les difficultés pour saisir et retirer les projectiles ont arrêté trop souvent la main de médecins, qui, s'autorisant des quelques faits où le séjour du projectile finissait par ne plus être nuisible, restaient dans une expectation nuisible. Des blessés ont succombé à des inflammations secondaires, à des suppurations prolongées, à des fièvres de résorption, pour avoir conservé des balles ou fragments d'obus, dont une intervention prompte, en les débarrassant, eût conjuré les accidents.

Je me souviens d'un soldat français, Moreau, qui le 10 octobre, reçut à Artenay une balle dans l'articulation du pied (tibio-tarsienne). Il fut pansé sur le champ de bataille par un médecin allemand qui reconnut la présence de la balle, mais ne chercha pas à l'extraire ; il appliqua un appareil

inamovible au plâtre, ménageant le trou de
la balle. Le 12, Moreau entre dans une ambulance. Dans la nuit, les douleurs intoléra-
bles qu'il éprouve me forcent à débarrasser
le pied du bandage compresseur qui, s'oppo-
sant au gonflement inflammatoire survenu,
donnait lieu aux vives douleurs. En appli-
quant cet appareil inamovible, espérait-on
que la balle s'enkysterait, que la plaie se fer-
merait, et que l'ankylose de l'articulation
serait obtenue sans accidents? Autrement,
pourquoi n'avoir pas de suite retiré la balle,
et avoir appliqué un appareil définitif, sus-
ceptible de provoquer de graves accidents?
Ayant agrandi la plaie devenue très-petite
par le gonflement, je pus, après de grandes
difficultés, extraire la balle. L'articulation
était déchirée ; la partie inférieure du tibia et
l'astragale étaient fracturés et écartés. Les
accidents inflammatoires furent considérables : des abcès multiples se formèrent en

plusieurs endroits du pied ; il fallut les ou-
vrir profondément ; des esquilles et un peu
de drap sortirent à la longue ; un œdème
considérable de la jambe, de la cuisse, du
tronc se développa ; la fièvre hectique s'em-
para du malade, et deux fois je consultai
des confrères pour faire l'amputation de la
jambe ; mais le mauvais état du malade fit
rejeter ce moyen extrême. Cependant les
bons soins, les conditions d'hygiène, les to-
niques, finirent au bout de sept mois par
réparer tous ces désordres, et à la fin d'a-
vril, Moreau partait guéri avec une ankylose
incomplète du pied et un peu de raccour-
cissement. En extrayant la balle de suite,
il est certain que ces accidents, qui ont failli
avoir un résultat funeste, eussent été évités.
La guérison montre aussi que l'ouverture
d'une articulation n'est pas toujours incura-
ble et n'exige pas absolument l'amputation.
A propos du bandage inamovible appliqué

au blessé dont je viens de parler, je signale-
rai l'embarras dans lequel je me trouvai, le
lendemain de la bataille de Coulmiers, man-
quant des objets nécessaires pour maintenir
des fractures. Les voitures des ambulances
volantes que la Société internationale d'Orléans envoyait au champ de bataille, pour
ramener les blessés à la ville, étaient dé-
pourvues de toute espèce de matériel, sauf
le linge et la charpie. Le lendemain matin
de cette victoire qui faisait tant espérer, j'é-
tais dans une ferme de Coulmiers. Une grande
chambre et une vaste grange, complètement
dégarnies du mobilier et des ustensiles, sac-
cagés et brûlés par les Prussiens qui avaient
habité là pendant un mois, étaient toutes
deux remplies de soldats français, couchés
sur la paille depuis la veille, attendant qu'on
les transportât dans une ambulance. De
nombreuses personnes venues, comme moi,
le matin, pansaient ces hommes et les por-

taient tour à tour dans les voitures. Deux de ces malheureux avaient les jambes et les cuisses déchirées dans toutes les parties postérieures, et l'un avait le haut du fémur brisé, l'autre l'os de la hanche. Le moindre mouvement leur arrachait des cris ; aussi il fallait, à l'aide d'attelles, immobiliser les membres avec le tronc, mais ces appareils si simples manquaient. Après bien des recherches, le fermier m'apporta des lattes que j'adaptai aux membres blessés, et qui permirent de conduire et de hisser, avec moins de douleur, dans une voiture, ces deux hommes (1).

(1) Cette nécessité pour le médecin de trouver sous sa main les objets de pansements, et pour les blessés des moyens convenables de transport, quand des accidents ont lieu en des endroits isolés, démontre l'utilité d'organiser des wagons spéciaux. Cette innovation, demandée déjà par M. Frot, président du service des ambulances volantes à Orléans, consisterait en ce que les compagnies de chemins de fer auraient des wagons disposés pour le transport des malades ou des blessés. Ces wagons, pourvus de tout le matériel nécessaire, rendraient de grands services en cas d'accidents.

Rien de simple comme les suites de l'extraction d'un projectile, quand on opère quelques heures après la blessure. D'abord la place que ce corps occupe est plus nettement perçue; le gonflement inflammatoire est nul; les tissus à diviser se cicatrisent vite. J'ai retiré un assez grand nombre de balles ou d'éclats d'obus, par des incisions parfois profondes, et en quelques jours la cicatrisation était obtenue, tandis que si, par des causes diverses, le projectile restait quelques jours, il était alors difficile de l'extraire, soit à cause du déplacement qu'il avait subi, soit par cause du gonflement inflammatoire, et la cicatrisation ne s'obtenait que tardivement, après plus ou moins de suppuration et de fièvre, qui mettait parfois le malade en danger. Je me souviens d'un militaire qui avait reçu une balle dans l'épaule. Couché en tirailleur, la balle était entrée par le haut de l'épaule; on la sentait au milieu de l'omoplate, un peu vers l'épine du dos. Il refusa l'extraction immédiate que je voulais faire. Deux jours après, mon homme commençant à souffrir, fut examiné par un autre médecin qui ne trouva pas de balle à l'épaule, mais au dos, sous les muscles dans la gouttière vertébrale, et fort dissimulée par le gonflement inflammatoire survenu. On prescrivit des sangsues pour enrayer l'inflammation et favoriser l'enkystement de la balle. J'arrivai au moment où on allait poser les sangsues, et ayant décidé le blessé à la bien légère opération qu'il fallait, je ne tardai pas à lui donner sa balle. Mais le long trajet qu'elle avait parcouru s'enflamma, suppura longtemps; des accès de fièvre survinrent, et ce ne fut qu'après deux mois de soins que la guérison fut obtenue. J'ai vu des péritonites survenir par le séjour de balles logées sous les parois abdominales, et dont l'extraction n'était pas plus dangereuse qu'une opération de hernie. J'ai au contraire prévenu des inflammations mortelles en extrayant des éclats d'obus ayant passé entre les côtes et le foie, pour rester dissimulés sur sa face antérieure ; un autre qui, entré par les régions fessières, avait perforé le rectum et y restait fixé depuis plusieurs jours, quoiqu'on le crût sorti.

Il faut étendre le principe de l'extraction des corps étrangers aux fragments et esquilles des os brisés, et ne pas attendre du temps leur élimination ; autrement le blessé est exposé aux accidents d'une suppuration prolongée et à la fièvre nosocomiale, que le séjour prolongé dans des salles encombrées a amenés si souvent. Je crois avoir, par cette méthode rationnelle, évité des amputations et des morts. Ainsi, j'ai eu à comparer l'issue de deux blessures à peu près semblables de l'omoplate, et traitées différemment. Chez mon blessé, une balle entrée entre la clavicule et la côte du côté gauche sort en haut de la fosse sous-épineuse. La plaie de devant se cicatrise vite, tandis qu'une abondante suppuration s'établit par celle de l'épaule. Plusieurs esquilles avaient été retirées, mais il en restait d'autres adhérentes par certains points de leur surface. Je me décidai à agrandir la plaie et à détacher des chairs ces fragments d'os. La plaie ne tarda pas à se cicatriser. Chez l'autre blessé, les esquilles libres d'adhérence furent seules retirées, et la blessure laissée à la nature. La suppuration continua, la nécrose s'étendit, et au bout de dix mois d'ambulance, Klein dut subir la grave opération de la résection des trois quarts de l'omoplate, résection sous-périostée que j'aidai le docteur Chipault à pratiquer et qui fut suivie de succès.

Je viens de parler de résection sous-périostée (1); c'est une opération de la chirur-

(1) Pour les personnes étrangères à la médecine, je dirai

gie contemporaine, qui a évité plus d'une amputation. Cette méthode, peu connue et peu pratiquée jusqu'ici, a reçu la sanction de l'expérience, par suite des cas nombreux pour lesquels elle a été employée, et assurément ses résultats sont plus avantageux que ceux des amputations. D'abord, la mortalité est bien moindre, car sur vingt-huit résections sous-périostées pratiquées, à ma connaissance, dans les ambulances d'Orléans, il n'y a eu que trois morts, tandis que pour les amputations on a perdu les trois quarts des opérés. Ce n'est pourtant pas que l'opération soit plus simple ; au contraire, elle est plus longue et plus laborieuse. Ensuite, l'o-

que les os sont recouverts d'une membrane qui leur est très-adhérente. Cette membrane appelée *périoste,* détachée de l'os, laisse suinter un liquide qui contient les éléments formateurs du tissu osseux, et peut par conséquent le régénérer. La résection sous-périostée consiste à séparer le périoste de l'os, pour enlever une portion de cet os et laisser son enveloppe, qui reproduira la partie osseuse emportée, plus ou moins parfaitement et plus ou moins complètement.

péré a le bénéfice inappréciable de conserver son membre, qui peut exécuter encore
la plupart de ses mouvements et de ses fonc-
tions; il a seulement perdu de sa force et de
sa puissance comme base de sustentation,
quand il s'agit du membre inférieur. Cependant cette force revient d'autant plus complète, qu'il a été laissé plus de périoste et
qu'il s'est écoulé un plus long temps depuis
l'opération. J'ai vu des blessés ayant perdu
8 et 11 centimètres de tibia ; j'ai aidé le docteur Chipault à enlever 18 centimètres de cet
os, et au bout de dix mois tous ces opérés,
qui eussent dû perdre la jambe, d'après la
méthode ordinaire, marchaient, aidés d'une
canne et d'un appareil à tuteurs adapté à leur
jambe; tous les mouvements de la jambe et
du pied étaient complets. Encore quelques
mois, et l'appareil qui soutient la jambe sera
inutile, parce que le tissu osseux en voie de
formation sera assez compact et assez solide.

La résection, après détachement du périoste, est donc une conquête chirurgicale,
que les nombreuses blessures de guerre ont
mis à même d'appliquer sur une assez grande
échelle, pour qu'à l'avenir le chirurgien
utilise cette méthode dans les fractures com-
pliquées, contre lesquelles l'amputation du
membre paraissait la seule ressource. Dans
cet enseignement pratique, la chirurgie or-
léanaise tient aujourd'hui une des premières
places.

Je terminerai ces réflexions en faisant
ressortir l'avantage des ambulances multiples, pour la guérison des malades et des
blessés. Nul doute, en effet, que la mortalité
eût été plus grande, si les 11,000 blessés
français, le même nombre d'allemands, et
autant peut-être de malades, c'est-à-dire environ 30,000 individus qui en sept mois
ont trouvé place dans trois cent quarante
ambulances et quelques maisons disséminées

dans toute la ville, si ce nombre considérable de blessés et de malades eût été
concentré dans quatre ou cinq grands hôpitaux. L'aération, la propreté, la nourriture,
les soins empressés et dévoués, conditions
si importantes pour la guérison, étaient pos-
sibles dans des ambulances qui avaient
quinze, dix ou six lits. Quand une ambulance était trop pleine et devenait un foyer
d'émanations dangereuses, les médecins
s'attachaient à diriger quelques malades
chez des particuliers tout dévoués, et par ce
moyen, on sauvait des malades voués à
une mort certaine. C'est ainsi que j'eus la
satisfaction de rendre à la vie deux blessés
transportés d'une grande ambulance chez
M. B***, de la rue du Pot-de-Fer, qui les mit
dans une grande salle à manger. Tous deux
avaient les mains déchirées par éclats d'obus
et trois doigts fracturés. Un séjour de plusieurs semaines dans une salle encombrée,

une suppuration considérable, la gravité des blessures, avaient déterminé une fièvre d'infection purulente. Stupeur, délire, diarrhée, sueurs, toux fréquente, abcès à l'avant-bras, puis au bras, pétéchies, tout faisait croire à une issue promptement mortelle. Il en fut autrement : l'ouverture réitérée des abcès, l'amputation de trois doigts à l'un, et de deux à l'autre, l'alimentation tonique, l'aération, amenèrent la guérison.

La division des malades par salles spacieuses et contenant un petit nombre de lits, leur dissémination sur des points éloignés les uns des autres, sont les bases d'un système des plus favorables aux guérisons. Cette question renferme tout une révolution dans le système actuel de l'assistance publique, et devra diminuer l'importance des grands hôpitaux. L'assistance publique, au lieu de concentrer toutes ses forces sur des grands hôpitaux, devra en créer de petits et faire en sorte que, le plus souvent possible, l'ouvrier indigent reste au foyer de la famille et y reçoive les soins nécessaires.

Ce serait m'éloigner du but de ce livre que de développer cette idée (1) ; mais ceux qui, comme moi, voient chaque jour les

(1) En 1866, j'écrivais : « .... Nous pouvons mesurer les progrès obtenus dans tout ce qui entoure les malades qui viennent chercher dans les hôpitaux le soulagement à leurs maux. Pourtant, aujourd'hui comme autrefois, celui qui vient à l'hôpital y entre avec peine. C'est que beaucoup ont dû rompre avec des sentiments naturels qui toujours, et surtout lors de la maladie, attachent la mère ou le père aux enfants, la femme à l'époux ; il faut quitter le foyer, toujours cher, quelque pauvre qu'il soit.

« Ce n'est pas chose indifférente, à divers points de vue, qu'une femme ou qu'un homme soient enlevés à leur famille, souvent pour mourir loin d'elle. A part la question de sentiment, il y a le trouble qui survient dans l'économie du ménage par l'éloignement de l'homme ou de la femme.... Aujourd'hui, l'amélioration nécessaire pour que l'indigent soit traité à son domicile paraît impraticable. Mais s'il nous était donné de voir ce que cinq siècles d'avenir réservent, nous serions sans doute heureusement surpris, en voyant les modifications que l'assistance publique aura reçues.... » (*Notice historique sur l'assistance médicale à Orléans.*)

douleurs et la gêne de l'ouvrier malade, restent affligés que les événements de 1870 aient arrêté les améliorations qui paraissaient en voie de s'accomplir, à ce point de vue.

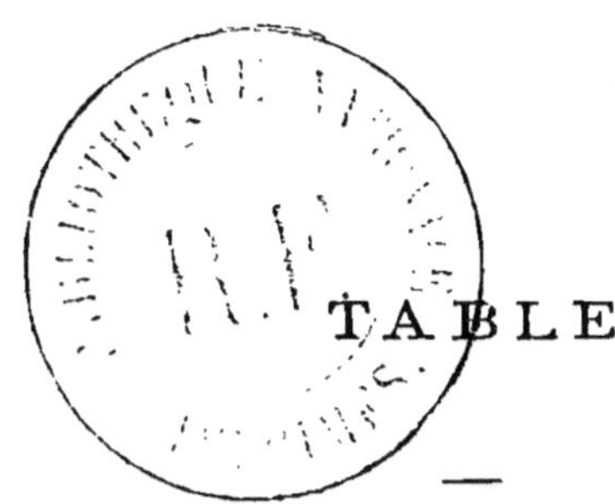

TABLE

—